똑똑하게 공부하고 알차게 노는
어린이 시간 관리 연습

Copyright ⓒ Shenzhen Hantu Culture Development Co., Ltd.
Originally published in Chinese by Guangdong People's Publishing House

The Korean translation rights arranged through Rightol Media (Email: copyright@rightol.com)

이 책의 한국어판 저작권은 Rightol 에이전시를 통해 저작권자와 독점 계약한 카시오페아에 있습니다.
저작권법에 의해 한국 내에서 보호를 받는 저작물이므로 무단 전재와 무단 복제를 금합니다.

똑똑하게 공부하고 알차게 노는
어린이 시간 관리 연습

한 투 편저 | 김희정 옮김

■ 편집자의 말

우리는 살면서 오랜 시간을 들여 자기 자신과 마주해야 합니다. 자신을 관리하는 방법, 주변 환경에 적응하는 방법 등에 관한 문제는 어쩌면 평생에 걸쳐 대답해야 할지도 모르죠. 사춘기에 들어선 아이들은 더 높은 바람과 목표, 더 다양한 방향성을 갖게 되지만, 그 목표를 좇는 과정에서 대부분 자기 관리에 어려움을 겪습니다.

내 몸에 변화가 생겼어! 어떻게 하면 나 자신을 보호할 수 있지? 친구 관계를 어떻게 대해야 할까? 다들 공부하라고 하는데, 공부가 대체 뭐지? 어떻게 해야 목표를 달성할 수 있을까? 내 궁극적인 목표는 뭐지? 시간은 어떻게 관리해야 할까? 어떻게 해야 더 집중할 수 있지? 효율적으로 생활하고 싶어! 나 자신을 받아들이고 싶어! 경험해 볼래! 완벽해지고 싶어!

아이들의 내면에서 터져 나오는 의문과 아우성은 어려움으로 다가올 수도 있지만 귀중한 탐구 과제이기도 합니다. 아이들은 이런 문제를 탐색하면서 답을 찾고 인격을 형성해 갑니다. 우리는 아이들이 어려움을 이겨 내고 무사히 성장할 수 있도록 다수의 심리 전문가와 함께 〈만화로 읽는 초등 자기계발 시리즈〉를 만들었습니다. 《나를 지키고 너를 사랑하는 관계 맺기 연습》, 《어린이 자신감 연습》, 《어린이 감정 말하기 연습》, 《어린이 시간 관리 연습》, 이 네 권의 책은 아이들이 성장해 가는 과정에서 자신을 이해하고, 자기 관리와 감정 표현, 자기 격려를 실현할 수 있도록 도울 것입니다. 또한 아이들이 내재된 힘으로 스스로를 변화시키면서 독립적인 인격을 형성할 수 있도록 안내하겠습니다.

고리타분한 방식을 배제하고 만화를 이용해 아이들이 커가는 과정에서 마주하는 문제들을 표현하고, 이를 통해 성장을 이끌어 내고자 했습니다.

아이들이 〈만화로 읽는 초등 자기계발 시리즈〉와 함께 스스로를 알아가는 시간을 가질 수 있길 바랍니다. 가끔은 어려움이 닥칠 수도 있지만, 결국에는 이겨 내고 강해질 거예요!

■ 등장인물

한빛 선배 아동 심리학 전문가. 아이들의 좋은 친구. 태양처럼 밝고 명랑하다.

이루리 13살. 루다의 여동생. 목표가 명확하다. 승부욕이 세고 충동적이다.

이루다 15살. 루리의 오빠. 깔끔한 성격이며 과목에 따라 점수 차이가 크다.

이꽃님 13살. 털털한 성격. 이따금 좋아하는 일에 푹 빠지기도 한다.

왕가온 13살. 남을 돕는 것을 좋아한다. 세심하고 책임감이 강하며 말주변이 매우 좋다.

차오름 15살. 상상력이 풍부하며, 특이하고 기발한 행동을 자주 한다.

나산들 15살. 소심하고 신중한 성격이다. 걱정이 많다.

강안나 14살. 모두의 좋은 친구. 살짝 덜렁대는 성격이지만, 낙관적이고 꿋꿋하다.

고 선생님 체육 선생님. 수업이 딴 과목으로 바뀔 때가 많아 늘 어슬렁어슬렁 돌아다닌다.

목차 CONTENTS

1. 시간이란 뭘까?

01. 시간이 이렇게 귀한 줄 몰랐어 • **012**

02. 내 시간은 왜 이렇게 빠르게 흐를까? • **017**

03. 사람마다 시간을 쓰는 방법은 조금씩 달라 • **023**

2. 시간은 어떻게 써야 할까?

04. 하루가 다 지났는데 숙제를 못 끝냈어 • **030**

05. 할 일이 너무너무 많아! • **035**

06. 완벽하게 준비되지 않으면 시작도 하기 싫어 • **041**

07. 자투리 시간 모아 태산! • **046**

08. 시간을 아끼는 건 작은 행동에서 시작돼 • **051**

09. 시간 기록장을 쓰자 • **056**

10. 집중이 잘될 때 중요한 일을 해야 해 • **061**

3. 집중력 높이기 대작전!

11. 한 가지 일에 집중하자 • 068

12. 집중할 수 있는 나만의 공간이 필요해 • 073

13. 할 일이 너무 많으면 실수하게 돼 • 078

14. 재깍재깍, 타이머를 맞추고 공부해 보자 • 083

4. 잘 쉬는 것도 중요한 일이야

15. 후회만 하는 건 도움 안 돼 • 090

16. 실컷 논 뒤에는 공부하기가 싫더라 • 095

17. 너무 어려울 땐 일단 다음 문제로 넘어가자! • 100

18. 잠자는 시간이 아까워 • 105

5. 시간도, 힘도 똑똑하게 쓰는 법

19. 힘을 합치면 해낼 수 있어 • 112

20. 내 시간이 없어 • 117

21. 1분 1초도 효율적으로! • 122

22. 시간을 똑똑하게 쓰자 • 127

1

시간이란 뭘까?

01. 시간이 이렇게 귀한 줄 몰랐어

02. 내 시간은 왜 이렇게 빠르게 흐를까?

03. 사람마다 시간을 쓰는 방법은 조금씩 달라

01 시간이 이렇게 귀한 줄 몰랐어

❓ **마음속 고민**

이렇게 하면 되는구나

시간은 한정되어 있으니 소중히 여기고 의미 있게 써야 해.

시간은 공짜가 아닐뿐더러 우리에게 무척 소중한 자원입니다. 하루 중 우리가 활동할 수 있는 시간은 매우 적습니다. 그러니 시간을 더욱 소중히 여겨야겠지요? 이제 무언가의 값을 생각할 때는 시간도 포함해서 생각해 보는 것이 좋겠습니다.

 ### 이렇게 하면 되는구나

일과 휴식 사이의 균형을 맞추자.

여유 시간에 하는 일은 감정과 몸 상태에도 영향을 미치기 때문에 소소한 일로 긴장된 마음을 풀어 주어야 합니다. 그리고 공부에 더 많은 시간을 쏟아야 커서 멋있는 사람이 될 수 있습니다. 그러니 시간은 아무렇게나 쓸 것이 아니라 체계적으로 관리해야 해요.

더 멋진 나로 성장하기

늘 시간이 많다고 생각했어. 난 아직 어리니까. 하지만 시간은 끝없이 있는 건 아니더라. 그냥 흘려보내면 다시 돌아오지 않는다는 걸 알게 됐어. 그래서 이제는 공부 시간도, 여유 시간도 모두 잘 이용할 거야. 체계적으로 시간을 관리하는 방법을 배워서 더욱 의미 있는 하루하루를 보낼래.

02 내 시간은 왜 이렇게 빨리 흐를까?

❓ 마음속 고민

이렇게 하면 되는구나

어떤 일에 시간이 얼마나 드는지 생각하고 계획을 세워야 해.

 계획은 내키는 대로 세우는 게 아닙니다. 생각나는 대로 계획을 세우면 실제로 해내기 어려운 경우가 많거든요. 시간 관리는 아주 복잡한 일이라서 잘해 내기까지 오랜 시간이 걸릴 수 있습니다. 지금 내 상황을 꼼꼼히 생각하며 시간을 관리하는 과학적인 방법을 배우는 것이 좋습니다.

이렇게 하면 되는구나

계획을 세우면 바로 움직여야 해.

계획만 세우는 건 시간 관리가 아니에요. 계획을 따라야만 해요. 내키는 대로 행동하는 건 공상일 뿐입니다. 조금씩 계획을 지켜 나가야 시간을 효과적으로 관리할 수 있습니다.

이렇게 하면 되는구나

상황에 따라 계획을 바꾸어야 할 수도 있어.

살다 보면 예상 밖의 일들이 벌어지기 마련이죠. 계획을 세울 때 갑작스러운 일까지 예측할 수는 없으니 그때그때 계획을 수정해야 해요.

더 멋진 나로 성장하기

시간은 흐르는 물처럼 눈 깜짝할 사이에 흘러가 버려. 이런 시간을 붙잡기 위해서는 현실적으로 시간을 관리해야 해. 일단 계획을 세우면 곧바로 실행에 옮기자. 만약 예상하지 못한 일이 생기면 즉시 수정하면서 시간을 허투루 보내지 않도록 주의하는 거야. 계획이 꼭 완벽할 필요는 없어. 중요한 건 끝까지 해내는 거야.

03 사람마다 시간을 쓰는 방법은 조금씩 달라

❓ 마음속 고민

이렇게 하면 되는구나

시간을 쓰는 방법은 사람마다 달라.

루리처럼 다른 사람의 계획을 그대로 따라 하면 그 사람처럼 시간을 잘 활용하게 될까요? 아니에요. 사람마다 공부하는 시간과 쉬는 시간이 다르고, 모두 생각과 습관도 달라서 무작정 따라 하는 건 소용없어요.

이렇게 하면 되는구나

자기에게 알맞은 속도를 찾아야 해.

오빠, 계획표 어떻게 짰는지 가르쳐 줘.

그래.

난 먼저 공부 시간과 휴식 시간으로 나누고, 공부 시간은 과목 난이도에 따라 나눴어. 나 자신을 분석해서……

나 자신을 분석한다고?

집중이 잘될 때 어려운 일을 하고, 아닐 때는 간단한 일을 해야 해. 그러려면 내가 무엇을 어려워하고 무엇을 쉽게 하는지 알아야 해.

그렇구나. 오빠, 나를 분석하는 걸 도와줘!

그래. 넌 자기 전에 외우는 과목 공부하는 걸 좋아하니까 처음에는……

와, 내 계획표가 완성됐어!

시간 관리가 어려운 이유는 나 자신을 잘 모르기 때문이에요. 먼저 내가 어떤 사람인지, 무엇을 좋아하는지 알고 그에 따라 시간을 나누어 써야 해요. 그러니 사람마다 시간 관리 방법이 다르겠죠? 자신에게 맞는 시간 관리 방법을 만드는 게 제일 좋아요.

이렇게 하면 되는구나

계획을 세웠다면 그 계획에 적응하는 시간이 필요해.

계획표를 세웠다고 바로 시간 관리를 잘하게 되는 건 아니에요. 마음을 급하게 먹지 말고 계획을 차근차근 지켜 나가는 것이 중요해요. 루다의 계획표도 크고 작은 어려움을 거치면서 완벽해진 것이랍니다. 여러분도 천천히 자신의 계획표를 고쳐 나가 보세요.

더 멋진 나로 성장하기

누구에게나 완벽하게 들어맞는 시간 관리법은 없어. 사람마다 성격도, 생활 습관도, 좋아하는 것도 다 다르니까. 그래서 내 성격과 습관을 바탕으로 나만의 방법을 찾아야 해. 시간 관리는 나를 알아 가는 과정이기도 해. 앞으로 나 자신에게 시간을 주고 천천히 나를 알아 가면서 계획표도 업그레이드할 거야.

2

시간은 어떻게 써야 할까?

04. 하루가 다 지났는데 숙제를 못 끝냈어

05. 할 일이 너무너무 많아!

06. 완벽하게 준비되지 않으면 시작도 하기 싫어

07. 자투리 시간 모아 태산!

08. 시간을 아끼는 건 작은 행동에서 시작돼

09. 시간 기록장을 쓰자

10. 집중이 잘될 때 중요한 일을 해야 해

04 하루가 다 지났는데 숙제를 못 끝냈어

❓ 마음속 고민

이렇게 하면 되는구나

'이때까지는 반드시 끝내겠다!' 하는 목표 시간을 정해 보자.

시간은 계속 흘러가는데 숙제는 좀처럼 끝나지 않을 때가 있죠? 그럴 때는 시간을 얼마나 쓸지 먼저 정해 보세요. 언제까지 끝낼지도 미리 정해 두면 훨씬 더 잘할 수 있어요. 예를 들어 숙제를 시작할 시간과 끝낼 시간을 정해 보는 거예요. 너무 여유롭게 계획하는 건 느긋한 사람에겐 좋지 않은 방법이에요.

이렇게 하면 되는구나

지금 해야 하는 일이 무엇인지 정확하게 알아야 해.

한빛 누나, 궁금한 게 하나 더 있어. 나도 지금 해야 할 일이 뭔지 아는데 자꾸만 다른 일을 하고 싶을 때가 있어.

숙제해야 하는데 딴짓하는구나?

맞아, 맞아.

그럼 숙제할 때 할 일의 범위를 정해 봐.

범위를 정한다는 게 무슨 뜻이야?

예를 들어 신문 만들기를 한다면 자료를 찾는 건 해도 되지만, 영화를 보면 안 되지.

해야 할 일: 자료 찾기
하면 안 되는 일: 영화 보기

해도 되는 일과 하면 안 되는 일을 구분하라는 거구나.

그래, 맞아.

숙제하던 중에 자꾸 딴짓을 하게 될 때가 있죠? 그러고 싶지 않은데 말이에요. 그럴 때는 지금 할 일이 무엇인지 분명하게 정해 두고 한눈팔지 않으려고 노력해야 해요. 계속 딴짓을 하다가는 숙제를 못 끝낼지도 몰라요.

 ## 이렇게 하면 되는구나

어려울 땐 다른 사람의 도움을 받아도 돼.

할 일을 미루는 버릇이 생기는 건 결국 참을성이 부족하기 때문이에요. 그럴 때는 다른 사람에게 도움을 요청해 보세요. 친구와 함께 공부하는 것도 좋고, 부모님께 옆에 있어 달라고 하는 것도 좋아요.

더 멋진 나로 성장하기

할 일을 자꾸 미루다가 발을 동동 구른 적이 있지 않니? 그럴 땐 끝낼 시간을 정확히 정하고, 방해되는 것들을 치우고, 부모님께 옆에서 지켜봐 달라고 부탁해 봐. 미루는 습관이 없어지니까 더 이상 허둥대지도 않고, 여유가 생겨서 하루가 훨씬 행복하게 느껴져.

05 할 일이 너무너무 많아!

❓ 마음속 고민

이렇게 하면 되는구나

해야 하는 일들을 종이에 전부 적어서 '할 일 상자'에 넣어 봐!

할 일이 너무 많아서 뭘 해야 할지도 모르겠을 때가 있어요. 해야 할 일이 머릿속에 쌓이고 쌓이면 마음이 초조해지고 하기도 싫어져요. 그럴 땐 해야 할 일을 전부 모아서 정리해 보세요. 뭘 해야 할지 알아야 하나씩 해치울 수 있으니까요.

이렇게 하면 되는구나

할 일이 무엇인지 정리해 보자.

　해야 할 일이 많더라도 잘 생각해 보면 전부 당장 해야만 하는 일은 아닐 거예요. 시간을 더 잘 사용하고 효과적으로 관리하기 위해 할 일에 등급을 매겨 보세요. 급하고 중요한 정도에 따라 구분하고, 순서대로 하면 시간을 더 효과적으로 쓸 수 있어요.

이렇게 하면 되는구나

매일 세 가지씩 끝내 보자.

내가 할 수 있는 일의 정도를 생각해야 합니다. 시간에 쫓기면 결과가 만족스럽지 않을 수 있거든요. 그러니 매일 중요한 일 하나, 보통인 일 하나, 사소한 일 하나씩을 해 보는 걸 어떨까요? 매일 잘할 수 있는 만큼만 하면 더는 일이 쌓이지 않을 거예요.

더 멋진 나로 성장하기

해야 할 일이 많은데 뭐부터 손대야 할지 몰랐어. 정확히 뭘 해야 할지도 몰랐지. 그래서 일단 해야 할 일들을 전부 종이에 적어 봤어. 그다음엔 중요하고 급한 일부터 나중에 해도 되는 일까지 등급을 나눴어. 난 이제 매일 할 일 목록에서 세 가지씩을 끝내는 방법으로 그날그날 할 일을 해내고 있어.

06 완벽하게 준비되지 않으면 시작도 하기 싫어

❓ 마음속 고민

이렇게 하면 되는구나

걱정은 그만하고 지금까지 알아낸 걸 바탕으로 결정하자.

걱정하느라 시작도 못한다면 그 많은 것들을 공부해 봤자 무슨 소용이 있겠어요. 우린 지금 당장 모든 문제에 대한 답을 찾을 수도 없고, 미래를 내다볼 수도 없어요. 도전하고 실천하고, 그 과정에서 문제를 고쳐 나가야만 정답에 가까워질 수 있어요.

이렇게 하면 되는구나

지나간 일은 잊어. 과정을 고민하지 말고 목표를 향해 한 걸음씩 나아가는 거야.

모든 일이 잘되는 건 아니에요. 어떤 일을 해 나가는 과정에는 늘 기쁨과 슬픔이 있는 법이거든요. 그런데 거기에만 빠져 멈춰 있으면 안 돼요. 이루고 싶은 것과 나의 가능성에 집중하면서 앞으로 나아가야 해요.

이렇게 하면 되는구나

기다림은 그만. 일단 하다 보면 빠져들 거야.

우물쭈물 고민만 하면 집중할 수 없어요. 마냥 기다린다고 집중할 수 있는 게 아니거든요. 일단 시작하고 열심히 하다 보면 서서히 집중하게 돼요. 그러니 집중이 찾아오기를 기다리지 말고 일단 시작하세요.

더 멋진 나로 성장하기

"나무를 심기 가장 좋은 때는 20년 전이고, 그다음은 지금이다."라는 말이 있어. 제일 좋은 시간은 이미 지나갔을 수 있지만, 지금 시작해도 괜찮다는 뜻이야. 누구나 잘하고 싶고, 멋진 결과를 내고 싶어 해. 그런데 모든 것이 내 마음대로 되는 경우는 많지 않아. 그러니까 시작하기 가장 좋은 때는 바로 지금이야. 지난 일은 걱정하지 말고, 지금 할 수 있는 걸 하면 좋은 결과를 얻을 수 있어.

07 자투리 시간 모아 태산!

❓ 마음속 고민

이렇게 하면 되는구나

하루 중 남는 시간이 얼마나 있는지 계산해 보자.

자세히 따져 보면 하루 중 남는 시간이 꽤 많을 거예요. 이런 시간을 차곡차곡 모으면 많은 일을 할 수 있어요. 이제 자투리 시간 쓰는 방법을 알게 되었으니 잘 이용해 보세요.

 **이렇게 하면 되는구나**

하고 싶은 걸 이루려면 먼저 뭘 해야 할지 생각해 봐. 그다음 해야 할 일을 작게 나누고, 그것을 언제 할지 시간을 나눠 봐.

자투리 시간에 하기 어려워 보여도 먼저 뭘 이루고 싶은지 정하고, 하루하루 해야 할 일을 정리해서 남는 시간에 나눠서 하면 꿈에 가까이 다가갈 수 있어요.

더 멋진 나로 성장하기

　5분, 10분……, 흩어져 있는 자투리 시간은 얼마 안 돼 보이지. 근데 '티끌 모아 태산'이라고 이런 시간을 모아 보면 많은 일을 할 수 있어. 쉬는 시간이나 이동하는 시간처럼 잠깐 남는 틈을 모아 보면 생각보다 꽤 많거든. 목표를 이루기 전에는 이 시간이 하찮아 보여도, 할 일을 쪼개 보면 시간을 알맞게 활용할 수 있지.

08 시간을 아끼는 건 작은 행동에서 시작돼

❓ 마음속 고민

이렇게 하면 되는구나

하려는 일이 얼마나 어려울지 가늠해 본 뒤 시작해야 해.

아주 급한 일이 아니라면 시작하기 전에 얼마나 어려운지, 시간이 얼마나 걸릴지 계산해 볼 수 있어요. 내 능력을 넘어서거나 시간과 정성이 많이 드는 일이라면 여유로울 때 도전하면 돼요. 시간이 촉박할 때는 잘하는 걸 하는 게 좋아요.

이렇게 하면 되는구나

꼼꼼하게 행동하면 시간을 아낄 수 있어.

꼼꼼하게 준비하지 않으면 문제가 생길 수 있어요. 무언가를 잊어버리거나 잃어버릴 수 있거든요. 다시 한번 살펴보고 예비로 한두 개쯤 더 준비하는 건 어렵지 않아요. 이렇게 꼼꼼하게 살피는 습관이 생기면 갑작스러운 일이 생겼을 때 시간을 절약할 수 있어요.

 ## 이렇게 하면 되는구나

너만의 원칙을 세워 봐.

　우리는 자잘한 일에 많은 시간을 허비해요. 그런데 어떤 물건이든 쓴 뒤엔 제자리에 가져다 두고, 일찍 자고 일찍 일어나고, 방을 제때 정리하는 등 사소한 원칙만 지켜도 시간을 아낄 수 있어요.

더 멋진 나로 성장하기

　나는 지금까지 미리 생각하지 않고 그냥 해 왔어. 중간에 다시 살펴보거나 여유분을 준비하지도 않았지. 덤벙대다가 실수한 것을 바로잡는 데 많은 시간을 쓰기도 했어. 사소한 문제가 쌓여 큰 문제로 번지면서 더 많은 시간과 노력을 들여야 했어. 이제는 사소한 행동 하나하나 주의하면서 시간을 절약할 거야!

09 시간 기록장을 쓰자

❓ 마음속 고민

이렇게 하면 되는구나

놀아도 괜찮아. 대신 솔직하게 기록해야 해.

누구나 실수할 수 있고, 가끔은 놀고 싶을 때도 있어요. 우리는 기계가 아니라 사람이니까요. 하지만 자신에게 솔직해지는 것은 정말 중요해요. 시간 기록장은 하루를 더 잘 보내는 데 도움을 줘요. 못한 게 있어도 괜찮으니 거짓말하는 대신 있는 그대로 써 보세요.

이렇게 하면 되는구나

시간 기록장은 매일 새롭게 쓰고 꾸준히 관리하자.

- 루다야, 넌 시간 기록장을 어떻게 써?
- 농구 다하고!
- 난 매일 기록하고, 다음 날에는 싹 비워.
- 비운다고? 어떻게?
- 매일 기록장을 보면서 오늘 하루가 어땠는지 생각해 봐.

오늘 하루 ☀
1. 숙제 거의 끝
2. 다음 주 계획 세우기
3. 효율을 더 높여 보자!

- 그런 뒤에 지워?
- 응. 새로운 날은 새롭게 시작해야지. 오늘 부족했던 점은 내일 고치면 돼.
- 매일 조금씩 나아질 수 있겠다. 정말 유용하네.

    매일 시간 기록장을 쓰면 시간을 어떻게 썼는지, 얼마나 효과적으로 썼는지 알 수 있어요. 그럼 다가올 내일 하루를 더 잘 계획할 수 있고, 공부나 일상생활도 규칙적으로 할 수 있어요.

이렇게 하면 되는구나

매주 돌이켜 보고 아쉬운 점은 제때 고쳐야 해.

한 주 동안 규칙적으로 생활하고, 주말에는 쉬면서 이번 주에 시간을 어떻게 썼는지, 버거운 계획은 없었는지, 다음 주는 무엇을 할지 정리해요. 이번 주에 끝내지 못한 일을 주말에 마무리해도 좋고요.

더 멋진 나로 성장하기

시간 기록장에 오늘 하루를 솔직하게 기록하는 것이 부끄럽고 싫을 수 있어. 하지만 내가 시간을 낭비했다는 걸 솔직하게 받아들이니까 시간 기록장이 도움이 되더라고. 시간 기록장을 쓴 뒤로는 중요한 숙제를 잊어버릴까 봐 걱정하는 일이 없어. 매일 시간 기록장을 돌아보니까 점점 시간을 관리할 수 있다는 자신감이 생겨.

10 집중이 잘될 때 중요한 일을 해야 해

❓ 마음속 고민

이렇게 하면 되는구나

가장 중요한 일이 무엇인지 생각하고 2:8 법칙으로 시간을 나눠 봐.

> 실력을 키우려면 시간을 들여야 해. 수학이 중요하면 연습을 조금 더 하는 게 좋을 것 같아.

> 꽃님아, 다음 주에 배구 대회가 있으니까 같이 연습하자.

> 하지만…… 난 집중이 잘되는 지금 수학 공부를 해야 해.

> 다음 주가 대회인데, 넌 이기고 싶지 않아?

> 이기고 싶지. 그런데 내일 수학 쪽지 시험이잖아.

> 배구하러 안 가?

> 네 말이 맞아. 지금은 공부가 중요해. 같이 공부하자.

무엇을 하든 제일 중요한 일이 있어요. 내 힘의 80퍼센트는 진짜 중요한 20퍼센트의 일에 써야 해요. 그리고 내가 가장 집중이 잘되는 20퍼센트의 시간에는 제일 중요한 일을 하면 힘을 아끼면서 더 잘할 수 있어요. 꽃님이는 곧 시험이니까 수학 공부가 제일 중요하겠죠? 그러니까 수학을 먼저 하고 다른 건 나중에 하면 좋아요.

 ## 이렇게 하면 되는구나

조금씩 꾸준히 노력하다 보면 실력이 좋아질 거야.

가끔 갑자기 뭔가를 잘하게 되거나 한순간에 이해될 때가 있는데, 그건 전부터 쌓아 온 노력 덕분이에요. 그러니까 노력했는데 변화가 없다면 조금 더 노력해야 한다는 뜻이에요. 뭐든 마무리가 중요하니까 끝까지 버텨 내 보세요.

더 멋진 나로 성장하기

나는 항상 지금 떠오른 일을 하느라 무척 바빴어. 그런데 딱히 발전이 없더라고. 알고 보니 가장 좋은 시간은 가장 중요한 일을 하는 데 써야 한대. 에너지가 충분할 때 수학이나 영어처럼 어렵고 중요한 과목을 복습하기 시작했더니 언제부턴가 실력이 훌쩍 좋아졌어.

3

집중력 높이기 대작전!

11. 한 가지 일에 집중하자

12. 집중할 수 있는 나만의 공간이 필요해

13. 할 일이 너무 많으면 실수하게 돼

14. 재깍재깍, 타이머를 맞추고 공부해 보자

11 한 가지 일에 집중하자

❓ 마음속 고민

이렇게 하면 되는구나

여러 가지 일을 동시에 하려고 하지 마.

여러 가지 일을 한 번에 하면 시간이 절약될 것 같지만, 막상 해 보면 어디에도 집중할 수 없을 거예요. 에너지는 한 번에 한 가지 일에만 쏟을 수 있어요. 두 마리 토끼를 다 잡을 순 없어요!

이렇게 하면 되는구나

시간대를 나눠 두고 한 시간대에는 한 가지 일만 하자.

해야 할 일이 너무 많으면 머리가 복잡하고 힘들 수 있어요. 그럴 땐 해야 할 일을 시간별로 나눠서 그 시간엔 한 가지 일만 하는 게 좋아요. 지금 해야 할 일이 정해져 있으면 마음이 편해지고, 그 일에 집중하기도 쉬워요.

이렇게 하면 되는구나

끝내기로 약속한 시간이 다가오면 더 집중하게 돼.

언제 일을 끝낼지 정했다면 타이머를 그보다 10분 앞으로 당겨서 맞춰 보세요. 그럼 긴장해서 훨씬 집중하게 되고, 결과도 좋을 거예요.

더 멋진 나로 성장하기

동시에 여러 가지 일을 하는 건 불가능해. 집중을 못해서 오히려 시간을 낭비하게 돼. 그런데 시간대를 나누고 각 시간대에 한 가지 목표만 세우니까 더 집중할 수 있었어. 가끔 여유가 있으면 집중력이 떨어지는데, 끝낼 시간을 당겨 두니까 일을 못 끝낼까 봐 걱정돼서 훨씬 집중하게 되더라고.

12 집중할 수 있는 나만의 공간이 필요해

❓ 마음속 고민

이렇게 하면 되는구나

방해받지 않는 공간이 있으면 좋아.

운동처럼 집중해서 쭉 이어 가야 하는 일은 한두 번 방해받으면 계속하기가 힘들어요. 그러니 중요한 일을 할 때는 누구의 방해도 받지 않는 공간을 찾는 것이 좋아요. 그래야 집중력을 잃지 않을 수 있어요.

이렇게 하면 되는구나

할 일이 있다면 너와 상관없는 일은 단호하게 거절해야 해.

중요한 일을 하는 중인데 자꾸 상관없는 일에 방해받을 때가 있죠? 가온이처럼요. 시간은 무척 소중하니까 집중해야 할 일에 방해가 된다면 거절하는 것이 좋아요.

이렇게 하면 되는구나

잡다한 일은 몰아서 끝내자.

어떤 간단한 일들은 조금만 시간을 들이면 끝낼 수 있어요. 밥을 먹거나 화장실에 가거나 물 마시거나 준비물을 챙기는 일이 그렇지요. 필요할 때마다 하려면 오가는 데 시간을 낭비할 뿐 아니라 집중력도 흐트러져서 진짜 중요한 일에 집중할 수 없어요.

더 멋진 나로 성장하기

집중해야 하는데 방해 요소가 너무 많아서 도무지 집중할 수 없을 때가 있지. 그럴 때는 한적한 공간으로 자리를 옮기고, 중요하지 않은 일은 거절해. 그리고 잡다한 일은 중요한 일을 하기 전이나 후에 모아서 끝내는 거야. 중요한 일과 덜 중요한 일을 나눠서 시간 쓰는 법을 익히면 집중하는 힘도 점점 길러질 거야.

13 할 일이 너무 많으면 실수하게 돼

❓ 마음속 고민

이렇게 하면 되는구나

명상은 머리를 비우고 긴장감을 풀어 줘.

걱정과 고민은 일을 망치기도 해요. 마음을 차분히 하기 위해서 명상을 해 보는 건 어떨까요? 머리를 비우고 마음 상태를 조절하면 초조한 기분에서 벗어날 수 있어요.

이렇게 하면 되는구나

명상으로 문제를 발견하고 생각을 정리하자.

집을 나서기 전이나 무언가를 하기 전에 눈을 감고 짧게 명상을 해 보세요. 머릿속으로 일상과 나를 정리해 보는 거예요. 명상을 통해 문제점을 찾으면 다음 할 일도 자연스럽게 그려지고, 집중력도 높아져요.

이렇게 하면 되는구나

지치기 전에 미리 휴식을 취하자.

녹초가 된 후에 쉬면 너무 피곤해서 쉽게 눈이 떠지지 않고, 자고 일어나서도 정신이 맑지 않아요. 지치기 전에 쉬는 시간을 계획해서 쉬면 시간도 잘 관리할 수 있고 집중해서 일을 마칠 수 있어요.

더 멋진 나로 성장하기

요즘 바빠서 무척 초조하고 늘 긴장한 채로 시간을 보냈어. 그런데 명상을 시작한 후로는 한결 긴장이 풀려서 집중력이 훨씬 높아졌어. 머리를 비우니까 앞으로 어떻게 하면 좋을지 방향도 찾게 되고 문제점도 알게 됐지. 앞으로는 바쁠수록 잠깐 쉬는 연습을 자주 해야겠다고 느꼈어.

14 재깍재깍, 타이머를 맞추고 공부해 보자

❓ 마음속 고민

이렇게 하면 되는구나

포모도로 타이머는 시간을 나눠서 집중하는 방법이야. 예를 들어 25분 동안 열심히 하고, 5분은 쉬는 거지.

포모도로 타이머를 이용하면 미루지 않고 해야 할 일을 할 수 있어요. 왜냐하면 목표를 '귀찮은 일 끝내기'가 아닌 '포모도로 한 세트 끝내기'로 생각하게 되거든요.

이렇게 하면 되는구나

포모도로 한 세트가 끝나면 지금 기분이 어떻고 얼마나 피곤한지 생각해 봐.

왜 이렇게 기운이 없어?

어제 오후에 포모도로를 연달아 네 번이나 했어!

네 번? 정말 잘했는걸?

그런데 점점 집중을 못하겠더라고.

집중할 수 없는 상태라면 그만해도 돼. 완전히 집중할 수 있어야 의미 있어.

주말이니까 그림을 더 그리고 싶었거든.

피곤할 땐 집중이 안 되니까 괜히 시간 낭비하지 말고 푹 쉬는 게 좋아.

우리가 쓸 수 있는 힘은 정해져 있어요. 그래서 힘을 너무 많이 쓰면 금방 지칠 수 있어요. 그림을 너무 오래 그려서 집중력이 흐트러진 꽃님이처럼요. 그럴 때는 잠시 쉰 다음 더 할 수 있을지 솔직하게 생각해 봐야 해요. 피곤하고 기운이 없을 땐 좀 쉬었다가 더 잘할 수 있을 때 다시 하는 게 좋아요.

이렇게 하면 되는구나

포모도로를 한 번 할 때마다 완성할 일의 난이도를 매번 바꿔 봐.

어제 한 일을 정리해 보자. 어제는 포모도로를 한 번만 했네.

가온이한테 토끼 인형을 그려 주고 싶은데 인형은 그리기가 어려워.

이 그림은 포모도로를 한 번 하고 나니까 더는 못 그리겠어. 힘들어.

포모도로를 했는데 힘들었다면, 다음엔 좀 더 쉬운 일을 하면서 몸과 마음을 편하게 해도 괜찮아.

드디어 완성했다! 포모도로를 세 번 했어!

대단해, 잘 그렸어!

힘들고 머리를 많이 쓰는 일을 쉬지 않고 계속하다 보면 금방 힘들어져서 포기하기 마련이에요. 힘들고 복잡한 일과 단순하고 재밌는 일을 번갈아 가며 하면 더 오랫동안 집중할 수 있어요.

더 멋진 나로 성장하기

포모도로 타이머는 집중력을 키우는 데 도움이 되었어. 먼저 눈앞의 일을 집중해서 끝낸 다음에 쉴지 계속할지 생각하는 거야. 그리고 어려운 일과 쉬운 일을 번갈아 가면서 했지. 덕분에 집중하는 시간이 점점 길어져서 포모도로 타이머 없이도 집중할 수 있게 됐어.

4

잘 쉬는 것도 중요한 일이야

15. 후회만 하는 건 도움 안 돼

16. 실컷 논 뒤에는 공부하기가 싫더라

17. 너무 어려울 땐 일단 다음 문제로 넘어가자!

18. 잠자는 시간이 아까워

15 후회만 하는 건 도움 안 돼

❓ 마음속 고민

이렇게 하면 되는구나

안 좋은 기분은 잠시 잊고 앞으로 어떻게 할지 생각해 보자.

　잘못한 것을 계속 생각하는 건 의미 없는 일이에요. 목표를 못 이루었어도 나 자신에게 실망하느라 시간을 허비하지 마세요. 다음에 더 잘할 수 있게 다시 계획을 세우면 되니까요.

이렇게 하면 되는구나

놀더라도 시간을 정해 놓아야 해요.

난 요즘 계절 평가 중이야. 언니는 지난 계절에 뭐 했어?

책을 다섯 권 읽고, 취미도 하나 생겼어.

나는 노느라 아무것도 못했어.

노는 것도 좋지!

난 하고 싶은 게 너무 많아. 세상엔 재미있는 게 왜 이렇게 많은 걸까?

그럼 하고 싶은 게 생기더라도 마음을 다독이면서 조금만 참아 봐.

그걸 어떻게 해?

놀이 시간도 시간표에 넣고 매일 정해진 시간에만 노는 거야.

알겠어.

그리고 정해진 놀이 시간이 끝나면 공부를 하는 거야.

응, 해 볼게.

> 세상엔 재미있는 게 너무 많아요! 하지만 하고 싶은 것만 하면서 시간을 보내면 공부도, 독서도, 취미도 아무것도 늘지 않아요. 그러니 놀이 시간을 갖더라도 시작 시간과 끝나는 시간을 정해서 적당히 할 수 있도록 조절해야 해요.

더 멋진 나로 성장하기

예전에는 계절 평가가 나를 혼내는 시간 같았어. 그런데 이제 더는 지나간 일을 후회하지 않고 새로 계획을 세워. 놀이 시간도 따로 정했어. 더 멋진 사람이 되고 싶지만, 단숨에 이뤄질 거라고 생각하지 않아. 계획을 잘 지키다 보면 언젠가 꿈꾸던 모습이 되어 있을 거야.

16 실컷 논 뒤에는 공부하기가 싫더라

❓ 마음속 고민

이렇게 하면 되는구나

여유를 두고 하고 싶은 것을 마음껏 하면 오히려 공부 시간에 집중할 수 있어.

실컷 논 뒤에는 공부에 집중이 잘 안 되죠. 그럴 때는 공부에 적응하기 위한 여유 시간을 가지세요. 그 시간에 하고 싶은 것들을 먼저 하면서 마음을 가다듬는 거예요. 곧바로 공부하려고 애쓰지 않아도 되니까 오히려 시간도 아낄 수 있어요.

이렇게 하면 되는구나

간단한 것부터 하면서 조금씩 집중력을 찾아.

처음부터 복잡한 일을 하면 집중하기 어려워요. 그럴 때는 연습 문제 풀기처럼 간단한 것부터 시작해 보세요. 그럼 차츰 집중력이 생길 거예요.

이렇게 하면 되는구나

이것저것 하다가는 힘들기만 하고 끝이 나지 않아.

> 루리야, 수학 숙제는 끝냈어? 국어 숙제를 하고 있네.

> 수학 숙제가 어려워서 국어로 바꿨어. 국어 먼저 끝내고 수학 숙제 마저 하려고.

> 벌써 두 시간이 지났네. 숙제는 다 했어?

> 아니!

> 이것저것 조금씩 하느라 아무것도 못 끝냈구나.

> 응, 게다가 기분도 엉망이야.

> 넌 지금 왕복 달리기를 한 셈이야. 앞으로 쭉 뛸 때보다 시간이 더 들지. 하나를 먼저 끝내야 해.

> 그럼 국어 숙제부터 집중해 볼게.

> 내가 여기에 시간을 다 썼구나!

하던 공부가 어려우면 다른 일로 도망가고 싶은 마음이 들죠. 그런데 이것저것 하다가는 시간만 버리고 제대로 끝낼 수 없어요. 힘들게 집중했으니 한 가지를 확실히 끝내고 다음 공부를 시작해야 해요.

더 멋진 나로 성장하기

놀고 나면 바로 공부에 집중하기 어려우니까 공부 적응 시간을 가져. 그럼 마음을 가다듬고 공부에 집중할 수 있어. 또 간단한 것부터 시작해서 점점 집중력을 쌓아. 이렇게 집중해서 한 가지를 완전히 끝낸 뒤에 다른 일을 시작하면 시간을 더 현명하게 쓸 수 있었어.

17 너무 어려울 땐 일단 다음 문제로 넘어가자!

❓ 마음속 고민

이렇게 하면 되는구나

한 가지 문제에 매달리지 말고 어려우면 일단 넘어가.

세상에는 오랜 시간과 노력이 필요한 문제도 있어요. 그런데 만약 정해진 약속이 있다면 일단 그 문제는 미뤄 두고 다른 일부터 하세요. 한 가지 문제에 매달리느라 시간을 전부 써 버리지 말고, 쉬운 일부터 해결한 다음 여유가 있을 때 다시 시간과 노력을 기울이는 거예요.

이렇게 하면 되는구나

스스로를 탓하느라 시간을 낭비하지 말자.

    어려움을 마주했을 때 스스로를 탓하고 원망하느라 시간을 낭비하지 마세요. 어쨌든 중요한 건 할 일을 마치는 거니까요.

 ## 이렇게 하면 되는구나

조건이 충분히 갖춰졌을 때 다시 집중해서 해결해.

어떤 문제를 해결하기 어려운가요? 준비가 덜 되어서일 수도 있지만, 애초에 해결할 수 없는 문제일 수도 있어요. 이때 가장 좋은 방법은 한동안 그 문제를 잊었다가 준비가 되었을 때, 혹은 조건이 갖춰졌을 때 다시 도전하는 거예요.

더 멋진 나로 성장하기

해결할 수 없는 어려움을 만났을 때 계속 거기에 매달리면서 안 좋은 기분에 빠지면 안 돼. 그 문제는 잠시 미뤄 두고 계속 나아가야 해. 이렇게 미루는 건 그냥 게으름 피우는 것과는 달라. 여유를 갖고 조건이 갖춰질 때까지 기다리면 해결의 실마리를 찾을 수 있어.

18 잠자는 시간이 아까워

❓ 마음속 고민

이렇게 하면 되는구나

잠을 충분히 자야 몸이 튼튼해져요.

언제나 건강이 제일 먼저라는 사실을 잊어선 안 돼요. 공부하겠다고 밤을 새우다가 병까지 나는 건 시간과 건강을 낭비하는 일이에요. 어떤 일을 하든 잠을 푹 자서 건강을 챙겨야 해요.

이렇게 하면 되는구나

우리 몸속에는 시계가 있어서 잠자는 시간, 밥 먹는 시간을 제때 알려 줘.

우리 몸에는 보이지 않는 시계가 있어서 잠자는 시간, 밥 먹는 시간 등을 정해 줘요. 그런데 제때 먹고 자지 않으면 몸속 시계가 고장 나서 자고 싶어도 못 자는 상황이 생겨요. 그러니 몸속 시계가 제대로 움직이도록 규칙적으로 생활해야 해요.

이렇게 하면 되는구나

피곤할 땐 잠시 낮잠을 자자. 잠은 우리 몸을 나아지게 하는 최고의 방법이야.

 공부하거나 놀다가 지쳤을 때, 몸 상태를 나아지게 수 있는 가장 좋은 방법은 잠을 자는 거예요. 짧게 30분 만이라도 눈을 붙이면 몸과 머리가 한결 편안해져요. 조금 쉬고 나면 풀리지 않던 문제도 어렵지 않게 풀 수 있을 거예요.

더 멋진 나로 성장하기

수면은 우리 몸과 머리에 휴식을 주고, 면역력과 기억력에도 도움을 줘. 그래서 충분히 자는 건 매우 중요해! 잠들기 전에는 뇌가 흥분해서 잠을 방해하지 않도록 긴장을 풀어 줘야 해. 책을 읽거나 조용한 음악을 들으면서 긴장을 푸는 것도 좋아. 좋은 수면 습관은 나를 더 건강하고 똑똑하게 만들어 줘!

5

시간도, 힘도 똑똑하게 쓰는 법

19. 힘을 합치면 해낼 수 있어

20. 내 시간이 없어

21. 1분 1초도 효율적으로!

22. 시간을 똑똑하게 쓰자

19 힘을 합치면 해낼 수 있어

❓ 마음속 고민

이렇게 하면 되는구나

서로의 장점을 살려서 일을 나누자.

누구나 잘하는 것이 있어요. 힘을 합쳐야 할 때 각자 잘하는 일을 선택하면 어려운 일도 쉽게 해낼 수 있답니다. 그래서 조별 과제처럼 여러 사람이 함께해야 할 때는 일을 나누는 것이 먼저예요. 각자 잘하는 일을 하면 시간을 아낄 수 있어요.

이렇게 하면 되는구나

일을 나눠서 하더라도 서로 돕고 인정해 줘야 해. 함께 힘을 모으면 시간을 아낄 수 있어.

각각의 임무가 서로 영향을 미치기도 하고, 때로는 순서가 정해져 있기도 해요. 그러니 다른 친구가 어려움 없이 일할 수 있도록 자기가 맡은 일을 제때 끝내야 해요. 내 일을 다 한 후에는 다른 친구를 도우면 일을 더 빨리, 더 쉽게 끝낼 수 있어요.

이렇게 하면 되는구나

비슷한 일을 자주 해야 한다면, 그 일을 더 쉽게 빨리할 수 있는 나만의 방법을 만들어 보는 게 좋아요.

나무 심기는 땅 파기, 묘목 심기, 흙 덮기, 물 주기가 반복돼요. 어떤 일을 계속하다 보면 점점 더 익숙해져서, 나중에는 제일 좋은 방법으로 척척 해낼 수 있어요.

더 멋진 나로 성장하기

살다 보면 다른 사람과 힘을 합쳐 완성해야 할 일이 아주 많아. 먼저 일을 시작하기 전엔 서로의 장점에 따라 해야 할 일을 나눠. 그리고 내가 맡은 일을 늦지 않게 끝낸 뒤 최대한 다른 조원을 도와주는 거야. 그리고 일에 익숙해지면 그 과정을 빨리 해낼 방법을 찾아 나가면 돼.

20 내 시간이 없어

❓ 마음속 고민

이렇게 하면 되는구나

친구가 많다고 무조건 좋은 건 아니야.

　시간과 체력은 무한정 주어지지 않아요. 친구가 많을수록 친구들에게 쓰는 시간은 늘어나고 나를 위한 시간은 줄어들기 마련이에요. 친구는 많다고 무조건 좋은 게 아니에요. 그러니 좋은 친구를 잘 고르고, 오랫동안 알고 지낸 친구들과 사이좋게 지내면서 시간을 아껴 써야 해요.

이렇게 하면 되는구나

거절하는 방법을 배우자.

시간은 아주 귀한 거예요. 즐거움도, 발전도 주지 못하는 활동은 좋지 않아요. 진짜 친구는 서로에게 소중한 존재라 그 관계가 쉽게 끊어지지 않아요. 괜한 걱정 때문에 싫은 일을 억지로 하지 말고 모두가 좋아하는 일을 하도록 해요.

이렇게 하면 되는구나

너만의 시간을 만들어. 혼자 있는 건 무척 중요해.

모두와 잘 지내고 싶겠지만, 무엇보다 스스로를 돌보는 것이 가장 중요해요. 혼자 있을 때만 내면을 돌아볼 수 있거든요. 누구나 배운 것들을 정리하고 마음을 가다듬을 시간이 필요해요.

더 멋진 나로 성장하기

친구와 함께하는 것도 물론 중요하지만, 시간과 힘을 전부 친구에게 쏟으면 지치기만 해. 이제 난 친구 수를 줄였고, 친한 친구에게는 내가 바라는 걸 말할 수도 있어. 덕분에 서로를 더 잘 이해하게 됐고, 억지로 맞추느라 힘들지도 않아. 무엇보다 나만의 시간을 가지면서 마음과 생각을 정리할 수도 있어서 훨씬 편해졌어.

21 1분 1초도 효율적으로!

❓ 마음속 고민

이렇게 하면 되는구나

내가 얼마나 할 수 있는지 이해해야 해.

내가 무엇을 얼마나 할 수 있는지 아는 건 중요한 일이에요. 나의 문제점과 잘한 점, 다음번에 무엇을 주의해야 할지를 알아야 더 나아질 수 있어요.

이렇게 하면 되는구나

실력이 좋다는 건 짧은 시간 안에 수준 높은 일을 많이 해낸다는 뜻이야.

많이 한다고 실력이 좋아지는 건 아니에요. 실력이 좋다는 건 짧은 시간 안에 해낸다는 뜻이면서, 수준이 높다는 뜻이기도 해요. 이 중에 한 가지만 좋은 건 의미 없어요. 다음에는 같은 시간에 더 많이 해내고, 수준도 높여 봐요.

이렇게 하면 되는구나

다른 사람과 비교하지 말고 매번 조금씩 나아지면 돼.

사람마다 체력이 달라요. 여러분을 운동선수와 비교할 필요는 없어요. 자신의 실력을 비교해야 나아졌는지 아닌지 알 수 있어요. 그렇게 차츰 실력이 좋아지면 나보다 뛰어난 사람을 참고해 내 실력을 더욱 발전시키는 날도 올 거예요.

더 멋진 나로 성장하기

나는 내가 늘 열심히 했다고 생각했어. 그런데 내 진짜 실력이 어느 정도인지 알게 됐지. 그냥 열심히 하는 것만으로는 부족하다는 걸 깨달았어. 분석하고 복습하지 않으면 시간 낭비야. 내 활동을 돌아보고, 발전할 방법을 찾아서 실력을 키워 나가야 해. 이 과정을 꾸준히 하다 보면 언젠가는 원하는 목표에 가까워질 수 있을 거야.

22 시간을 똑똑하게 쓰자

❓ 마음속 고민

이렇게 하면 되는구나

메모지를 사용해 봐. 스스로에게 주문을 거는 거야.

우리가 쓰는 말에는 마법 같은 효과가 있어요. "난 효율적이다.", "난 빠르다." 이런 쪽지를 붙여 두면 나도 모르는 사이에 정말로 효율이 좋아져요.

이렇게 하면 되는구나

약간의 긴장감을 주는 것도 효율을 높이는 좋은 방법이야.

적당한 긴장감은 효율을 올리는 데 도움이 돼요. 게으름에 익숙해져 있을 때는 일정표를 조정해서 효율을 높일 수 있어요.

이렇게 하면 되는구나

기대에 부응하고 싶은 심리를 이용해 봐.

누구나 칭찬을 좋아해요. 다른 사람에게 칭찬받고 싶은 마음을 이용하면 제시간에 목표를 달성할 수 있어요.

더 멋진 나로 성장하기

적극적인 언어 표현으로 나에게 주문을 걸거나, 계획을 조정하는 방법으로 효율을 높일 수 있어. 주위 사람들의 기대와 칭찬을 이용하는 것도 한 가지 방법이야. 내가 어떤 사람인지 생각해 보고 자신에게 맞는 방법을 활용하면 자연스럽게 효율이 오를 거야. 무엇보다 꾸준히 시도하고 나만의 방식을 찾아가는 과정이 가장 중요해.

똑똑하게 공부하고 알차게 노는
어린이 시간 관리 연습

초판 1쇄 발행 2025년 7월 24일

지은이 한투
옮긴이 김희정
펴낸이 민혜영
펴낸곳 데이스타
주소 서울특별시 마포구 월드컵로14길 56, 3~5층
전화 02-303-5580 | **팩스** 02-2179-8768
홈페이지 www.cassiopeiabook.com | **전자우편** editor@cassiopeiabook.com
출판등록 2012년 12월 27일 제2014-000277호

ⓒ 한투, 2025
ISBN 979-11-6827-315-3 (73190)

이 책은 저작권법에 따라 보호받는 저작물이므로 무단 전재와 무단 복제를 금지하며, 이 책의 전부 또는 일부를 이용하려면 반드시 저작권자와 (주)카시오페아 출판사의 서면 동의를 받아야 합니다.

- 데이스타는 (주)카시오페아 출판사의 어린이·청소년 브랜드입니다.
- 잘못된 책은 구입하신 곳에서 바꿔 드립니다.
- 책값은 뒤표지에 있습니다.